Les champignons des prés

Les champignons des prés

Jean-Marie Polese

Éditions RUSTICA

Avertissement. Les informations de cet ouvrage ont été vérifiées avec beaucoup de soin. Toutefois, malgré la vigilance et le sérieux apportés à la réalisation de cet ouvrage, les champignons photographiés ne sont pas toujours aisément reconnaissables à l'identique dans leur milieu naturel.

Par ailleurs, une simple photographie et les commentaires explicitant les caractéristiques et les dangers des champignons ne peuvent vous permettre de considérer que vous savez reconnaître de manière sûre les champignons tant les espèces sont nombreuses et les ressemblances trompeuses entre champignons toxiques et comestibles. Quand vous cueillez des champignons, faites systématiquement contrôler votre récolte par un pharmacien.

L'Auteur et l'Editeur déclinent toute responsabilité en cas de dommages de toute nature pouvant être provoqués, de façon directe ou indirecte, par l'utilisation de cet ouvrage, notamment en cas de mauvaise interprétation des informations qu'il contient.

Dépôt légal : août 2003
ISBN : 2-84038-487-6
N° d'éditeur : 48410

Sommaire

♥ ♥ ♥	Excellent
♥ ♥	Très bon comestible
♥	Bon comestible
⚠ ♥	Toxique cru, bon comestible cuit
⚠ ♥♥	Toxique cru, très bon comestible cuit
⚠ ♥♥♥	Toxique cru, excellent comestible cuit
⚠	Toxique
⚠ ⚠	Très toxique
☠	Mortel

Avant-propos

Les forêts ne sont pas le seul type de milieux à héberger des champignons. Ceux-ci peuvent se trouver dans bien d'autres lieux. On s'en rend compte en empruntant les chemins de traverse qui serpentent à travers notre pays. Dans le fond d'un vallon où quelques peupliers ont été abattus, vous aurez le privilège d'y trouver de généreuses touffes de pholiote du peuplier. En traversant une vieille prairie pâturée par quelques chevaux, il serait bien étonnant si, à la fin de l'été, quelques rosés des prés n'y faisaient pas leur apparition. En longeant les haies d'un parc, vous vous méfierez du dangereux inocybe de Patouillard, même s'il est plutôt rare.

Vous serez peut-être surpris de trouver dans un livre intitulé *Champignons des prés* des espèces comme la pholiote du peuplier ou la collybie à pied velouté, qui poussent sur des souches. En réalité, le terme de « prés » englobe tous les milieux ouverts, c'est-à-dire aussi bien les pâturages, les prairies et les pelouses que les haies, les terrains en jachère, les landes, les bords de routes, les pelouses des parcs, les jardins publics, les allées plantées d'arbres, etc. En un mot, il s'agit de tous les milieux qui ne sont pas franchement forestiers.

C'est pourquoi l'entolome des haies ou le pleurote corne d'abondance figurent dans ce livre, même si vous ne les trouverez jamais au milieu d'un pâturage dépourvu de tout arbre ou arbuste, mais plutôt le long d'une haie bordant un champ. Sont également répertoriées des espèces qui poussent exclusivement parmi l'herbe des prés, comme le marasme des Oréades qui n'a nul besoin de la présence d'un arbre pour pousser.

Jean-Marie Polese

Les champignons comestibles

Contrairement à la majeure partie des champignons des forêts dont la grande période de pousse se situe en automne, l'apparition des champignons des milieux ouverts est plus étalée dans le temps, et ces espèces semblent être moins inféodées aux saisons. Beaucoup d'entre elles s'offrent au ramasseur dès le printemps. Certaines sont strictement printanières : entolomes, morilles, tricholome de la Saint-Georges. L'hiver apporte lui aussi son cortège de champignons : pied-violet, collybie à pied velouté...

Il existe en outre de nombreuses espèces capables de pousser indifféremment du printemps à l'automne : pholiote du peuplier, marasme des Oréades, pleurote du panicaut, etc. Si certaines marquent une préférence pour telle ou telle saison, elles semblent plus dépendantes des conditions météorologiques que d'un cycle saisonnier.

Les prairies, haies, parcs, pelouses et jardins sont des milieux fortement marqués par la présence humaine. Évitez de cueillir et de consommer régulièrement les champignons rencontrés dans les parcs des grandes villes, au bord des routes ou près des usines, car ils concentrent les éléments nocifs pour l'homme, en particulier les métaux lourds comme le plomb, le mercure et le cadmium. Délaissez aussi les endroits où des produits chimiques ou des pesticides ont été épandus (anciennes cultures, jachères) : si les champignons poussent dans les milieux pollués sans en être affectés, il n'en va pas de même pour l'homme. Certaines espèces semblent même rechercher ces polluants, telle la morille commune qui pousse jusque dans les décharges. En revanche, la plupart de ces champignons, dont le tricholome de la Saint-Georges, se montrent très sensibles aux apports d'engrais minéraux, ce qui explique la raréfaction d'espèces recherchées et autrefois très abondantes. Les belles récoltes sont devenues plus difficiles à réaliser...

♥

H : 7-18 cm
Ø : 8-30 cm

Agaric à grandes spores

Agaricus albertii

mémo

L'agaric à grandes spores est le plus gros de tous les agarics. Quand le chapeau est bien ouvert (et plus vraiment comestible), il n'est pas rare de trouver des spécimens atteignant 25 cm, voire 30 cm de diamètre !

Je conseille

« *Ces "gros rosés", comme on les appelle souvent, doivent être consommés* ***jeunes*** *et ne doivent pas être confondus avec l'agaric jaunissant* (voir pp. 68-69), *légèrement toxique. Faites confiance à votre odorat, et délaissez les champignons qui n'ont pas une odeur agréable.* »

Fréquent ou rare selon les endroits, l'**agaric à grandes spores** surprend par ses dimensions. Bon comestible, à consommer très jeune, il n'a cependant pas les qualités gustatives de l'agaric champêtre (*voir pp. 16-17*).

Reconnaître l'agaric à grandes spores

▪ D'abord hémisphérique, le chapeau est gros et très charnu. Blanc soyeux, il se tache d'ocre avec l'âge.

▪ Les lamelles passent successivement du blanc rosé au grisâtre, et enfin au brun chocolat.

▪ Le pied est toujours plus court que le diamètre du chapeau. Mesurant de 3 à 5 cm de largeur, il est très trapu, un peu renflé au milieu ou vers la base. Blanc, puis taché d'ocre et de brun, il est très pelucheux dans la partie située sous l'anneau, surtout chez les sujets **jeunes**.

▪ L'anneau est irrégulier et pelucheux, floconneux en dessous chez les spécimens jeunes.

▪ Épaisse, la chair est blanche, rougissant faiblement à la base du pied.

▪ L'odeur faible d'anis ou d'amande devient rapidement désagréable, rappelant même celle de l'urine ou de l'ammoniac chez les sujets âgés.

Où le trouver

Poussant en solitaire, en groupes ou en cercles, l'agaric à grandes **spores** se distingue par les dimensions imposantes qu'il prend dans les pâturages, les pelouses et les parcs. Il s'établit loin de tout arbre, sur des sols non acides ou calcaires. Il semble plus fréquent dans les prairies situées à proximité de la mer. Irrégulièrement distribué, il est relativement commun dans certains endroits.

Spore : semence des champignons. Visible seulement au microscope, elle mesure quelques millièmes de millimètre.

Quand le trouver

L'agaric à grandes spores apparaît en été et en début d'automne, principalement fin septembre et début octobre.

Chez les jeunes agarics à grandes spores, les lames sont cachées par une membrane dessinant en relief une « roue dentée » (à droite).

♥♥

H : 10-18 cm
Ø : 8-20 cm

Agaric auguste

Agaricus augustus

mémo

On classe les **agarics** en trois grandes catégories selon la couleur qu'ils prennent à la coupe ou au toucher : il y a ceux qui jaunissent, ceux qui rougissent, et ceux qui hésitent entre les deux. L'agaric auguste fait partie de ces derniers : le chapeau vire plutôt au jaune, et le pied au rouge.

L'agaric auguste est considéré comme le meilleur des **agarics**, un genre qui compte pourtant plusieurs espèces excellentes. Malheureusement, il est peu commun. Il est facile à reconnaître à son aspect massif, à son chapeau à écailles rousses ainsi qu'à sa forte et agréable odeur d'amande amère.

Reconnaître l'agaric auguste

■ Le chapeau de ce champignon de belle taille dépasse parfois 20 cm de diamètre. Épais, il est revêtu de squames ou d'écailles ocre-brun ou rousses, plus ou moins disposées en cercles concentriques sur un fond crème. Le centre, presque lisse, est plus foncé, et de teinte roussâtre uniforme.

■ Les lamelles sont très serrées. D'un gris-rose pâle au début, elles se colorent de brun chocolat sombre chez les sujets matures.

■ Le pied est gros, en forme de massue, plus épais à la base. Lisse et blanc au-dessus de l'anneau, il est floconneux en dessous, puis se couvre des mêmes écailles que le chapeau, mais plus espacées, qui finissent par roussir. L'anneau est blanc et ample, souvent plissé, et il présente en dessous des flocons blancs ou roussâtres.

■ La chair est blanche. Quand on la coupe, elle rosit dans le bas du pied, tandis qu'elle tend à jaunir dans le chapeau. Elle exhale une forte odeur d'amande amère, parfois d'anis.

Où le trouver

L'agaric auguste pousse dans des milieux divers, en plaine comme en montagne, mais il n'en est pas commun pour autant : il est simplement largement distribué. Vous le trouverez dans les prés au voisinage des arbres, qu'il s'agisse de feuillus, comme le hêtre, le chêne et le noisetier, ou de conifères. Parmi ces derniers, on remarque qu'il s'établit souvent sous de vieux sapins ou de vieux épicéas. Comme il préfère les sols riches, vous le verrez parfois sur les composts de jardin. Il aime aussi vagabonder dans les parcs, les arboretums et les forêts, où il s'installe plutôt dans les éclaircies, les chemins, les lisières et les endroits herbeux.

Quand le trouver

L'**agaric auguste** n'est pas très fréquent, mais vous pouvez espérer le trouver en fin d'été et en automne, jusqu'en octobre.

Un champignon majestueux

Vous trouverez parfois dans d'autres ouvrages l'agaric auguste sous le nom d'agaric majestueux ou d'agaric (ou rosé) impérial, qui fait allusion à sa grande taille (*augustus* signifie « majestueux » en latin). Cependant, je ne vous conseille pas de consommer des exemplaires trop « majestueux », au chapeau largement étalé. Préférez ceux dont le chapeau est encore en demisphère, car ils sont plus jeunes et bien meilleurs.

Je déconseille

« *Je mange toujours l'**agaric auguste** en petite quantité, et je fais attention de ne pas le cueillir dans des milieux pollués, en raison de sa faculté à concentrer les métaux lourds, en particulier le cadmium.* »

L'agaric auguste a un chapeau entièrement couvert d'écailles roussâtres.

♥♥

H : 4-10 cm
Ø : 4-10 cm

Agaric champêtre

Agaricus campestris

mémo

Vous trouverez parfois des **agarics champêtres** d'aspect un peu différent : certains portent de larges écailles brun-gris, d'autres ont un chapeau revêtu de fibrilles brun-noir... Ils sont tous aussi comestibles.

Très abondant certaines années, l'**agaric champêtre** est, à juste titre, très populaire, car il est aussi délicieux cru que cuit. Pour l'apprécier pleinement, cueillez-le quand les lamelles sont encore bien roses, et consommez-le le jour même. Selon les régions, il est appelé « rosé des prés », « pratelle », « pradelet » ou « pâturon ».

Reconnaître l'agaric champêtre

■ Le chapeau est épais et charnu. D'abord globuleux ou hémisphérique, avec un sommet un peu aplati, il s'étale progressivement, la marge restant longtemps enroulée et ornée de courts lambeaux de membrane pendants. La surface est généralement blanche, lisse, soyeuse et brillante. Si on tourne le chapeau dans un sens ou dans l'autre comme pour le dévisser, il se sépare de lui-même du pied.

■ Les lamelles sont très serrées et **libres**. Leur coloration rose tendre s'intensifie jusqu'au rose vif – très typique, elle est à l'origine de son surnom de « rosé des prés » –, puis vire au brun-pourpre ou au noirâtre.

■ Le pied, court et trapu, n'est jamais plus long que le diamètre du chapeau. Il est plein, cylindrique et un peu aminci à la base, ou en fuseau. Blanc comme le chapeau, il est orné d'un anneau fragile, qui disparaît parfois : il ne subsiste alors qu'une trace autour du pied.

Libres : se dit des lamelles qui ne touchent pas le pied, comme celles, entre autres, des agarics et des amanites.

Où le trouver

Comme son nom l'indique, l'agaric champêtre vit dans les prés, principalement les prairies pâturées par les chevaux et les bovins qui, bien fumées par les excréments du bétail, sont très favorables à sa pousse. Mais vous pourrez aussi le trouver dans l'herbe des bas-côtés, le long des routes. Il pousse en groupes et forme souvent des cercles.

L'agaric champêtre, ou « rosé des prés », doit être cueilli très jeune.

Il peut se montrer très abondant une année, complètement absent l'année suivante. Si l'on en croit les récits des personnes âgées, il était beaucoup plus commun autrefois. Dans l'Allier, les gens allaient vendre le produit de leur récolte au marché par brouettes entières. Mais c'était avant l'emploi des engrais chimiques, néfastes à tous les champignons, y compris l'agaric des prés.

Quand le trouver

L'agaric champêtre pousse surtout de la fin de l'été jusqu'à la fin du mois d'octobre, quand une pluie abondante succède à une période de chaleur, et ces poussées sont parfois massives. Celles du printemps et de l'été sont plus rares et plus discrètes. J'ai remarqué que plus l'été est chaud et sec, plus la poussée est importante quand la pluie se met à tomber. En revanche, un été humide et froid ne présage rien de bon.

Je déconseille

« *Ne cueillez pas les agarics blancs qui ressemblent au rosé mais dont l'odeur est désagréable : il s'agit probablement d'agarics jaunissants (*Agaricus xanthoderma, voir pp. 68-69*), une espèce légèrement toxique. Le parfum de l'agaric champêtre est agréable et appétissant comme celui du champignon de Paris.* »

♥♥

H : 10-18 cm
Ø : 8-15 cm

Agaric des jachères

Agaricus arvensis

Avec son délicat parfum d'anis, l'agaric des jachères est l'un des champignons des prairies et des terres non cultivées les plus savoureux. De belle taille et facilement identifiable, il est moins fréquent que le rosé des prés (*voir pp. 16-17*) auquel on l'assimile bien souvent.

Reconnaître l'agaric des jachères

■ Le chapeau, globuleux, blanc uniforme, soyeux et lisse chez les sujets jeunes, s'aplanit légèrement tout en restant bombé chez les sujets matures. Il jaunit légèrement au toucher et avec l'âge.

■ Les lamelles passent du gris pâle au rosâtre, puis au brun foncé quand le chapeau est complètement étalé. En regardant à la loupe, on remarque que l'**arête** reste blanche.

■ Le pied porte un anneau ample en forme de jupe. En dessous, cet anneau est doublé d'une épaisse membrane qui dessine une roue dentée, surtout apparente chez les jeunes sujets.

■ Le champignon dégage une nette odeur d'**anis**.

Où le trouver

L'agaric des jachères pousse essentiellement dans les prairies pâturées, mais aussi dans les pelouses, les parcs, les lisières forestières et les bois clairs. Il semble plus fréquent dans l'est de la France.

Arête : bord libre d'une lamelle.

Je conseille

*« S'il est vrai qu'il faut se méfier des agarics blancs poussant dans les bois, que l'on risque de confondre avec des clitocybes et des amanites, en revanche, vous n'avez rien à craindre de ceux qui sentent fortement l'**anis**, car on n'en connaît pas de toxiques. Rappelons que les lamelles des amanites mortelles restent bien blanches durant toute la vie du champignon, et que la base de leur pied est dotée d'une volve. »*

Quand le trouver

D'apparition irrégulière, l'**agaric des jachères** est abondant ou absent selon les années. Il pousse du printemps à l'automne. Ainsi, vous le trouverez dès le mois de mai, mais si la chaleur et la sécheresse s'installent, il s'éclipsera en été pour resurgir au début de l'automne, quand les conditions lui seront plus favorables. Soyez particulièrement vigilant 4 ou 5 jours après une pluie abondante faisant suite à une période sèche, car c'est à ce moment précis que l'on observe les plus grosses « éclosions ».

mémo

L'**agaric des jachères** est plus connu sous le nom de « boule-de-neige », en raison de l'aspect des sujets jeunes. C'est un champignon de choix, très apprécié, souvent préféré à son proche cousin, le « rosé ».

L'agaric des jachères dégage une odeur d'anis.

♥

H : 4-7 cm
Ø : 3-10 cm

Argouane des prairies

Lepista panaeola

Abondant localement, l'argouane des prairies est un bon comestible, qui permet de réaliser des plats agréables au caractère épicé ou poivré.

Reconnaître l'argouane des prairies

- Le chapeau est épais et faiblement déprimé au centre. La marge reste longtemps enroulée.
- De couleur gris-beige, la surface du chapeau est marquée de **guttules** disposées, selon les spécimens, au centre ou en un ou deux cercles concentriques à la périphérie.
- Les lamelles sont serrées et minces. Blanchâtres lors du développement du champignon, elles se teintent de gris rosé à maturation des spores.
- Le pied est court, dépassant rarement 5 cm de hauteur. Blanc sale, il est fragile et se casse facilement lors du ramassage.
- La chair, épaisse et blanchâtre, dégage une odeur plus ou moins prononcée de farine ou de moisi.

Guttules : petites taches rondes d'aspect cireux ou huileux présentes sur le chapeau de certains champignons.

Où le trouver

L'**argouane des prairies** vit dans l'herbe des prés et des pâturages, dans les taillis herbeux et dans les vergers. Il s'établit surtout sur les sols calcaires, à condition que le terrain n'ait pas été fertilisé à l'aide d'engrais chimiques. Il forme des cercles ou des petits groupes d'individus épars ou densément serrés les uns contre les autres. Il est plus fréquent en montagne qu'en plaine. Dans les Alpes, vous le trouverez dans les prairies d'altitude jusqu'à 2 400 m environ.

Quand le trouver

L'argouane des prairies pousse assez communément en automne, à partir de septembre en altitude et jusqu'en décembre en plaine.

Je déconseille

« *Attention : l'****argouane des prairies*** *partage son habitat avec les petits clitocybes blancs, tel le clitocybe blanchi (*Clitocybe dealbata, voir pp. 70-71*), qui sont de dangereux toxiques. Ne les confondez pas.* »

Les argouanes des prairies poussent parfois en groupe d'individus si serrés qu'ils semblent former une touffe.

♥

H : 3-10 cm
Ø : 2-8 cm

Collybie à pied velouté

Flammulina velutipes

La **collybie à pied velouté** n'est peut-être pas le champignon le plus délicieux, mais elle a le mérite de résister aux basses températures et reste présente quand les autres espèces ont disparu. Elle est largement cultivée en Asie du Sud-Est.

Reconnaître la collybie à pied velouté

▪ Le chapeau surprend par sa couleur très vive et brillante, jaune orangé à fauve, avec une bordure plus claire. Il est très visqueux.

▪ D'abord jaune pâle, les lamelles prennent une teinte roussâtre clair à maturité des spores.

▪ Jaune chez les spécimens jeunes, le **pied** roussit et brunit progressivement à partir de la base. Il se distingue alors par le revêtement velouté brun-noir, constitué de poils courts et très serrés, qui le recouvre presque entièrement chez les sujets matures.

Où la trouver

La collybie à pied velouté pousse en touffes. Elle aime les sites dégagés et aérés, les bordures de haies et les buissons. Elle apparaît souvent au niveau du sol, sur les vieilles souches et les racines d'arbres feuillus, comme les saules, les peupliers, les frênes et les hêtres, mais aussi les genêts.

On la trouvait fréquemment sur les ormes avant qu'ils ne soient éliminés par la maladie hollandaise, ou graphiose. Il lui arrive aussi de s'installer sur les branches et les troncs d'arbre, au niveau des blessures, parfois assez haut.

mémo

Le nom botanique de la **collybie à pied velouté**, *Flammulina velutipes*, signifie « petite flamme à pied velouté » et fait référence à deux de ses particularités : son chapeau enflammé d'orange vif et son pied chaussé de velours.

Je déconseille

« *Je rejette systématiquement le **pied** du champignon, trop coriace. De consistance un peu élastique, la collybie à pied velouté n'a qu'une valeur culinaire moyenne.* »

La collybie à pied velouté peut apparaître dans les fissures d'une branche ou d'un tronc.

Quand la trouver

Présente de novembre jusqu'au début du printemps, la collybie à pied velouté est l'un des rares champignons comestibles à résister à l'hiver, au point qu'il n'est pas rare de la trouver sous une couche de neige fraîchement tombée. Le **mucilage** confère au chapeau une viscosité qui semble protéger le champignon du gel.

Mucilage : substance visqueuse qui recouvre le chapeau ou le pied de certains champignons.

♥♥

H : 10-20 cm
Ø : 2-6 cm

Coprin chevelu

Coprinus comatus

Comestible extrêmement fin et savoureux, le coprin chevelu doit cependant être cueilli très jeune et consommé dans les heures qui suivent sa cueillette. En effet, il ne se conserve pas et prend très vite une teinte noirâtre et une consistance déliquescente qui n'ont rien d'appétissant.

Reconnaître le coprin chevelu

■ Jeune, le coprin chevelu se reconnaît aisément à son chapeau de forme allongée, curieusement couvert d'une toison de mèches blanches, à l'exception de la **calotte**, qui est souvent rousse.

■ Le chapeau ne s'étale pas : la marge se relève et s'enroule progressivement, lui donnant l'allure d'une cloche. Il commence alors à se liquéfier en une **encre** noire épaisse, et finit par disparaître entièrement, le pied seul subsistant en place.

■ D'abord blanches, les lames rosissent, puis noircissent à maturité des spores.

■ Le pied, cylindrique, blanc et soyeux, se tache de rosé, puis de noir. Il porte un mince anneau blanc, d'abord invisible car il est caché sous le chapeau engainant. Cet anneau finit souvent par devenir coulissant et tombe vers la base du pied.

Calotte : petit dôme au centre du chapeau.

Où le trouver

Le coprin chevelu est très commun. Il pousse généralement hors des bois, dans l'herbe des pelouses, des prés et des jardins, dans les terrains vagues et les chemins forestiers. Malgré son apparente fragilité, il peut percer le macadam. Il surgit parfois du jour au lendemain, formant des troupes très importantes sur les pelouses récemment créées, après que l'herbe s'est installée. Il pousse aussi dans les endroits

mémo

Le liquide produit par les coprins peut être utilisé comme de l'encre de Chine. Pour obtenir cette « **encre** », il n'y a rien de plus simple : placez les chapeaux des champignons dans un bocal jusqu'à ce qu'ils se liquéfient. Filtrez le liquide noir obtenu et faites-le bouillir avec un ou deux clous de girofle afin qu'il se conserve mieux. Stockez l'encre au frais et utilisez-la rapidement.

où de la terre a été apportée, après des travaux de nivellement ou de terrassement, au centre des ronds-points routiers, par exemple.

Quand le trouver

La période de pousse du **coprin** est assez longue, puisqu'elle s'étend de mai à décembre. Mais c'est en fin d'été et en automne que vous le rencontrerez le plus souvent. Comme il vit en terrain découvert et que sa chair est mince et fragile, la moindre gelée automnale empêche sa croissance et finit par lui être fatale. Il réapparaît parfois si le temps se radoucit.

Je conseille

*« Je cueille les **coprins** quand les lamelles sont encore blanches sur le bord du chapeau. Par la suite, elles rosissent. À ce stade, il est déjà trop tard pour les récolter, car elles deviennent grises à la cuisson et communiquent une teinte noire peu appétissante aux plats. »*

Les troupes de coprins chevelus renferment souvent des exemplaires d'âges différents.

Entolome des haies

Entoloma saepium

H : 5-13 cm
Ø : 4-10 cm

Bon comestible, l'entolome des haies apparaît au moment de la reprise d'activité des prunelliers et autres espèces apparentées. Bien que peu commun en général, il forme parfois des groupes très importants.

Reconnaître l'entolome des haies

- **Blanchâtre** sale ou gris mastic – beige ou jaune paille chez les sujets jeunes –, le chapeau fonce un peu avec l'âge.
- D'aspect satiné, le chapeau est plus ou moins conique au début, puis étalé ou ondulé. Sa marge est mince, longtemps incurvée, puis ondulée.
- Le pied est très souvent courbé ou tordu. Blanc, jaunâtre à la base, il rougit au frottement.
- Les lamelles sont assez espacées. D'abord blanches, elles se teintent de rose jusqu'à devenir brun rosé.
- La chair est blanche mais tend à roussir, ce qui apparaît nettement au niveau des piqûres de vers ou des zones mangées par les larves. Elle a une saveur farineuse.

Où le trouver

Vous trouverez l'entolome des haies dans les lisières, les prés, les jardins, les parcs, les haies et les taillis. Il pousse typiquement sous les arbres et les arbustes du genre *Prunus*, qu'il s'agisse des espèces cultivées pour leurs fruits ou leurs fleurs (cerisiers, pruniers, pêchers, abricotiers, etc.), ou des espèces sauvages (prunelliers, merisiers). S'il se montre peu fréquent, il peut composer de vastes troupes, les champignons étant très sou-

Je déconseille

*« Le chapeau de l'entolome des haies est parfois **blanchâtre**. Soyez très attentif et ne récoltez surtout pas les entolomes de couleur blanc pur. On a longtemps cru qu'aucun entolome printanier n'était toxique, mais on sait aujourd'hui qu'il en existe au moins un : l'entolome blanc de neige (*Entoloma niphoides*), qui partage les mêmes habitats et que vous reconnaîtrez à sa blancheur immaculée. »*

vent serrés les uns contre les autres, comme si la place leur manquait, parfois même soudés à la base du pied.

Quand le trouver

C'est avec les beaux jours du printemps que vous trouverez cet **entolome**, de début avril jusqu'à fin mai ou début juin. Il apparaît en même temps que l'entolome en bouclier (*voir pp. 26-27*), dont il diffère peu et qui pousse dans les mêmes lieux. On les confond d'ailleurs souvent, une méprise peu importante puisqu'ils sont tous deux comestibles.

mémo

Les spores des **entolomes** se teintent de rose à maturité. Ceci explique le changement de teinte des lames.

Vous pouvez rechercher l'entolome des haies dès le printemps.

♥

H : 10-15 cm
Ø : 6-10 cm

Entolome en bouclier

Entoloma clypeatum

Bon comestible, l'entolome en bouclier a beaucoup en commun avec le tricholome de la Saint-Georges (*voir pp. 58-59*) : il pousse à la même époque et dans les mêmes endroits, et sent la farine, mais sa saveur est moins délicate.

Reconnaître l'entolome en bouclier

■ D'abord en forme de cloche, le chapeau s'étale progressivement, conservant toujours un **mamelon** central. Il est très ferme, bien que peu charnu.

■ Sa surface, un peu visqueuse et de couleur brun-ocre à brun-gris par temps humide, pâlit par temps sec. Elle est parcourue de fines fibrilles radiales, parfois peu nettes, et a tendance à se fissurer sur le bord ou à se crevasser au centre avec l'âge.

■ Les lames sont espacées, denticulées et nettement **échancrées**. Si vous coupez le chapeau dans le sens de la hauteur, vous remarquerez qu'elles sont très larges et laissent peu de place à la chair du chapeau. Blanches chez les sujets jeunes, elles rosissent à maturité des spores, comme chez tous les entolomes.

■ La chair exhale une nette odeur de farine.

Où le trouver

L'entolome en bouclier pousse au voisinage des arbres et arbustes de la famille des Rosacées, en particulier des arbres fruitiers, sauvages ou cultivés : pommier, poirier, prunier, cerisier, églantier, aubépine, prunellier, etc. Les vergers de pommiers ou de pruniers et les haies d'aubépines ou de prunelliers semblent lui convenir tout particulièrement.

Quant aux terrains en friche sur lesquels s'implantent églantiers et prunelliers, ils deviennent rapidement impénétrables, et il n'est pas facile d'y débusquer les entolomes.

Mamelon : renflement proéminent au centre du chapeau. Celui-ci est dit « mamelonné ».

Échancrées : qualifie les lamelles qui amorcent une brusque courbure vers le haut avant de se rattacher au pied.

Je déconseille

« *Au printemps, près des haies ou des arbres isolés, ne récoltez pas des champignons dont le chapeau est strié de rougeâtre, couleur que vous pouvez voir aussi par endroits sur le pied ou les lames. En fait, il peut s'agir d'inocybes de Patouillard* (voir pp. 72-73), *des champignons très vénéneux.* »

L'entolome en bouclier pousse dans le voisinage des arbustes épineux.

Quand le trouver

L'**entolome en bouclier** est un champignon printanier. Il pousse d'avril jusqu'à fin mai, en même temps que la morille commune et la morille blonde. En montagne, vous le trouverez surtout en juin.

mémo

L'**entolome en bouclier** doit son nom à son chapeau bien rond, qui présente toujours un large mamelon central.

♥

H : 4-7 cm
Ø : 4-5 cm

Hygrophore blanc de neige

Cuphophyllus virgineus

Je déconseille

« *Faites attention à certains clitocybes blancs toxiques, tel le clitocybe blanchi (*Clitocybe dealbata, voir pp. 70-71*), qui poussent dans les prés, parfois en mélange avec l'****hygrophore blanc de neige****.* »

mémo

L'hygrophore blanc de neige est souvent appelé « bouton-de-guêtre », nom également donné au marasme des Oréades (*voir pp. 38-40*). Comme ce dernier, il pousse en vastes colonies dans les prés, ce qui compense sa **taille modeste**.

Décurrentes : se dit des lamelles qui descendent plus ou moins sur le pied, décrivant ainsi un arc de cercle.

L'**hygrophore blanc de neige** est considéré comme un comestible assez délicat, dont on ne peut que regretter la **taille modeste**. Néanmoins, il est suffisamment abondant localement pour permettre la préparation de plats copieux.

Reconnaître l'hygrophore blanc de neige

- Assez charnu au centre, le chapeau est beaucoup plus mince à la marge, au point que les lames sont visibles par transparence.
- Blanc pur, comme tout le reste du champignon, le chapeau ne se teinte de crème ou de rosâtre que tardivement, et surtout par temps humide. La surface est sèche ou humide, mais jamais visqueuse.
- Les lames sont **décurrentes** et bien espacées, et présentent un aspect cireux.
- Le pied, long et grêle, étiré en pointe à la base, spongieux et rapidement creux, se macule souvent de rosé dans le bas.

Où le trouver

L'hygrophore blanc de neige pousse principalement sur les terrains argilo-calcaires. Il apparaît en groupes ou en cercles dans les prairies et les pâturages non enrichis en engrais, les pelouses moussues, les landes herbeuses. Cherchez-le dans les bordures ou parmi les bruyères plutôt qu'en pleine prairie. Comme bon nombre de petits hygrophores qui poussent dans les prés, il est plus fréquent entre 500 et 1 500 m d'altitude. L'hygrophore blanc de neige devient de plus en plus rare du fait de la destruction et de la modification de son milieu naturel.

Tout de blanc vêtu, l'hygrophore blanc de neige porte bien son nom.

Quand le trouver

Vous commencerez à rencontrer l'hygrophore blanc de neige dès octobre. Les périodes de gelées ne lui font pas peur et il profite des redoux pour rester présent jusqu'en décembre. Mais c'est en novembre qu'il est le plus abondant.

♥

H : 4-8 cm
Ø : 3-8 cm

Hygrophore des prés

Cuphophyllus pratensis

Avec sa chair douce et parfumée, l'**hygrophore des prés**, réputé dans les zones où il pousse, est un bon comestible et sans doute l'un des meilleurs hygrophores. Contrairement à beaucoup d'autres espèces du genre, il présente l'avantage d'être assez charnu.

Reconnaître l'hygrophore des prés

■ Le chapeau se distingue par son étonnante couleur abricot ou orange-saumon, mais il peut pâlir par plaques. La surface est mate, lisse et un peu grasse au toucher, comme c'est le cas chez beaucoup d'hygrophores.

■ D'abord convexe, le chapeau s'aplatit vite, présentant une bordure retroussée vers le haut à la fin. Le centre porte un large mamelon, la bordure étant beaucoup plus mince.

■ Les lamelles sont particulièrement épaisses et espacées, légèrement décurrentes, un peu plus pâles que le dessus ou de couleur crème.

■ La chair, orangé pâle, est épaisse au centre du chapeau. Elle possède une odeur agréable et une saveur douce.

Où le trouver

L'hygrophore des prés s'installe discrètement dans l'herbe des **prairies** moussues, sèches et maigres (non fertilisées), les pâturages, les chemins et les bois clairs. Il pousse souvent en compagnie d'autres hygrophores. On le trouve surtout en montagne, dans les alpages. Il est plus rare en plaine en dessous de 500 m. Les **stations** favorables étant très localisées, il n'est pas très commun.

mémo

L'hygrophore de Berkeley (*Cuphophyllus Berkeleyi*) est une variété de l'**hygrophore des prés**, parfois considérée comme une espèce à part entière. Il se distingue par sa couleur beaucoup plus pâle, blanchâtre ou orangé très pâle.

Je conseille

« *J'ai souvent trouvé l'hygrophore des prés dans la partie des* ***prairies*** *située en bordure de bois, là où l'herbe est mêlée de mousse.* »

Station : étendue de terrain possédant des conditions homogènes en ce qui concerne le climat et le sol.

L'hygrophore des prés est un champignon trapu au chapeau couleur abricot.

Quand le trouver

Bien qu'il puisse sortir dès le début du mois d'août dans les pâturages d'altitude, l'hygrophore des prés est une espèce automnale à rechercher de septembre à décembre.

♥

H : 7-13 cm
Ø : 7-12 cm

Hygrophore rouge ponceau

Hygrocybe punicea

mémo

Deux autres espèces d'hygrophores présentent la même teinte de **rouge** plus ou moins pâle ou jaunâtre : l'hygrophore cochenille (*Hygrocybe coccinea*), qui pousse en troupes dans les prairies de montagne, et l'hygrophore vermillon (*Hygrocybe miniata*), plus petit, dont le chapeau est recouvert de fines écailles et dont la chair est plus orangée.

Je conseille

*« Sa couleur d'un **rouge sang** superbe et sa taille permettent de repérer ce champignon de loin. C'est à sa hauteur que vous le distinguerez des autres hygrophores rouge vif, beaucoup plus petits. »*

À défaut d'être le meilleur en cuisine (certains lui trouvent un goût de poulet, d'autres de cuisse de grenouille), l'hygrophore **rouge** ponceau est l'un des plus beaux champignons que l'on puisse rencontrer dans les prairies de montagne. Malheureusement, il se fait de plus en plus rare.

Reconnaître l'hygrophore rouge ponceau

■ Le chapeau est brillant et d'une magnifique couleur **rouge sang**. Avec l'âge et par temps sec, il pâlit, devenant orangé, puis jaunâtre. Conique, il est très irrégulier, bosselé et plus ou moins mamelonné. La marge se fendille assez vite.

■ Le pied peut avoir des aspects divers : robuste ou élancé, souvent sinueux ou torsadé, aminci aux deux extrémités ou seulement à la base. Il est creux. Moins vivement coloré que le chapeau, il varie du jaune au rouge, sauf la base qui reste blanche.

■ Les lames sont espacées et épaisses, de couleur jaune pâle à jaune orangé, parfois nuancées de rouge sang.

■ La chair est blanche, parfois teintée de jaune ou de rose, mince et très fragile. Elle possède une odeur faible, mais agréable, et une saveur douce.

Où le trouver

L'hygrophore rouge ponceau forme des petites colonies dans l'herbe des pâturages et des vieilles prairies moussues, sur les terrains à tendance calcaire. Cette espèce essentiellement montagnarde est plus fréquente dans les pâtures de haute altitude, mais peu commune dans l'ensemble, et en voie de raréfaction.

Vous trouverez l'hygrophore rouge ponceau dans les prairies humides des montagnes.

Quand le trouver

Vous trouverez ce champignon en automne, de septembre à fin novembre, voire jusqu'en décembre puisqu'il résiste aux assauts d'un gel modéré.

♥♥

H : 15-40 cm
Ø : 12-30 cm

Lépiote élevée

Macrolepiota procera

La lépiote élevée, appelée aussi « **coulemelle** », est le plus grand de nos champignons, puisqu'elle peut atteindre 40 cm de hauteur. Très bon comestible, bien que son pied trop coriace soit immangeable, elle possède une agréable saveur de noisette qui se manifeste pleinement quand on la cueille avant que le chapeau ne s'étale.

Reconnaître la lépiote élevée

■ Jeune, le champignon entier ressemble à une baguette de tambour.

■ Ovoïde chez les jeunes sujets, le **chapeau** s'ouvre lentement, devenant finalement plat, voire légèrement retroussé, et atteint 30 cm de diamètre. Il est parsemé de mèches et de plaques écailleuses brunes plus espacées vers la périphérie, disposées sur un fond beige. Le centre est surélevé en un large mamelon de couleur brune, tandis que la marge est frangée de lambeaux.

■ Le signe distinctif le plus sûr pour différencier cette espèce des autres lépiotes qui lui sont proches est le pied, typiquement **chiné**, zébré de brun et de blanchâtre comme une peau de serpent, et de grande dimension : de 20 à 40 cm de hauteur pour 1 à 2 cm de largeur. Très droit, il est creux, mais très rigide. Il est terminé par un bulbe profondément enfoui dans le sol.

■ Le pied porte un anneau particulier, très épais, laineux sur la bordure, blanc dessus, brun dessous, que l'on peut facilement faire coulisser.

■ Les lames, blanc crème puis blanc sale quand le chapeau s'aplanit, sont serrées et libres.

■ La chair du chapeau, molle, mince et blanche, rosit à peine au contact de l'air. Elle a une odeur agréable et un goût de noisette.

mémo

Plusieurs espèces comestibles poussant dans les mêmes milieux sont parfois assimilées à la **coulemelle**. Elles sont cependant de taille un peu plus modeste, comme la lépiote gracile (*Macrolepiota rickenii*) et la lépiote excoriée (*Macrolepiota excoriata*).

Je déconseille

*« Délaissez toujours les petites lépiotes dont la hauteur totale ou le diamètre du **chapeau** est inférieur à 10 cm, même si vous pensez avoir affaire à une espèce comestible. En effet, certaines d'entre elles sont toxiques, voire mortelles, comme la lépiote brun-incarnat* *(voir pp. 74-75).* »

Chiné : qualifie un pied orné d'un motif de bandelettes brunes en zigzag.

La grande taille de la lépiote élevée la trahit de très loin dans les lieux découverts où elle vit.

Où la trouver

La lépiote élevée est très fréquente en bordure des prés, le long des haies, des clôtures, en bordure de bois, parmi les herbes des trouées forestières ou dans les landes herbeuses. Cherchez-la parmi les fougères basses des prairies peu entretenues, parmi les herbes hautes des lisières de bois et à l'abri des haies, ou encore sur les talus des routes. Elle pousse sur des sols acides et souvent en troupes. S'il arrive qu'on la trouve en montagne, elle est plus fréquente en dessous de 1 500 m d'altitude. La récolter ne pose aucun problème : dans les endroits dégagés où elle pousse, elle est d'autant plus facile à repérer qu'elle n'a rien de discret.

Quand la trouver

La lépiote élevée pousse exclusivement en été et en automne, plus exactement de fin août à fin octobre, parfois jusqu'à début novembre. Mais on ne la voit pratiquement jamais en fin d'automne.

Je conseille

« Le pied coriace étant absolument à rejeter, je sépare pied et chapeau dès la cueillette pour ne pas charger le panier inutilement : je fais faire un quart de tour au chapeau tout en le tirant vers le haut. La séparation est nette et laisse un bout arrondi au sommet du pied. »

♥

H : 5-10 cm
Ø : 5-10 cm

Lépiote pudique

Leucoagaricus leucothites

La lépiote pudique est un champignon de taille moyenne presque entièrement blanc. C'est un bon comestible, à la chair épaisse et tendre, qu'il ne faut surtout pas confondre avec les amanites blanches mortelles.

Reconnaître la lépiote pudique

- Le chapeau, convexe ou aplati, est dépourvu de mamelon. Blanc pur satiné chez les sujets jeunes, il se gerce faiblement en même temps que le centre roussit avec l'âge.
- Les lamelles sont serrées et blanches, se teintant plus ou moins de **rose** pâle à maturité des spores.
- Le pied blanchâtre se macule légèrement d'ocre au toucher. Il est renflé ou légèrement bulbeux à la base, et porte un petit anneau blanchâtre et fragile.
- La chair blanche est immuable. Elle a une odeur et une saveur agréables.

Où la trouver

Irrégulièrement répartie mais abondante localement, la lépiote pudique pousse sur des sols riches en azote et, comme toutes les espèces **nitrophiles**, apprécie le voisinage de l'homme, grand pourvoyeur de produits azotés. On la rencontre ainsi, isolée ou en grands groupes, près des tas de fumier, dans les jardins, les bacs à fleurs, au bord des chemins herbeux, dans les prairies et les pelouses, particulièrement sur les bordures, ou encore dans les champs après la moisson. Il est cependant préférable de ne pas la cueillir dans les champs traités chimiquement.

Quand la trouver

La lépiote pudique apparaît à la même époque que les rosés des prés. Elle est en effet commune de l'été à l'automne. Elle peut être récoltée jusqu'en novembre.

mémo

La lépiote pudique est appelée ainsi en raison du **rose** tendre et délicat que prennent ses lamelles, comme les joues d'une personne pudique.

Nitrophile : se dit d'une espèce qui pousse sur les sols riches en azote.

La lépiote pudique possède un chapeau blanc soyeux et un petit anneau sur le pied.

♥♥♥

H : 3-8 cm
Ø : 2-7 cm

Marasme des Oréades

Marasmius oreades

Je conseille

*« L'**arôme** du marasme des Oréades est encore plus prononcé à l'état sec. Il se dessèche très bien et de façon très simple : laissez-le simplement à l'air en l'étalant en couche peu épaisse dans un endroit sombre et bien ventilé. Vous pourrez alors le conserver plusieurs mois. Il vous suffira de le faire gonfler quelques heures dans l'eau avant de le cuisiner. Vous pouvez aussi le réduire en poudre pour parfumer vos sauces et vos plats. »*

Hygrophane : qui change d'aspect et de couleur en fonction du degré d'humidité. C'est un caractère assez courant chez les champignons.

Le marasme des Oréades est l'un des champignons les plus populaires, les plus appréciés et les plus ramassés. Il doit son succès à son **arôme** très prononcé et à son abondance. On l'incorpore surtout dans les omelettes et les sauces.

Reconnaître le marasme des Oréades

■ Le chapeau est lisse, conique, avec un sommet arrondi. Puis il s'étale largement, tout en conservant un large mamelon central, et la marge devient grossièrement striée.

■ Le chapeau est **hygrophane** : de couleur marron-rouge ou ocre-roux à l'humidité, il pâlit vers les tons beiges par temps sec.

■ Les lames sont nettement espacées, surtout chez les sujets âgés. Épaisses et ventrues, elles sont entrecoupées de lamelles plus petites, d'abord pâles puis se colorant comme le dessus du chapeau.

■ Le pied, long, mince et droit, présente la particularité d'être très élastique : lorsqu'on tord un sujet frais jusqu'à lui faire toucher le sol du chapeau, le pied ne se rompt pas et ne se fendille pas.

■ La chair blanche n'est épaisse qu'au centre. Elle exhale une forte odeur caractéristique d'amande amère.

Où le trouver

Le marasme des Oréades est très commun, en plaine comme en montagne. Il marque une préférence pour les sols sableux ou argilo-sableux et ne pousse pratiquement jamais isolé, formant souvent des cercles, des lignes ou

Le marasme des Oréades pousse souvent en groupes d'individus serrés.

des petites troupes. Il s'établit dans les pelouses des parcs, dans l'herbe du bord des routes, dans les pâturages et les prairies anciennes. Il dédaigne les prairies nouvellement créées, dominées par une seule espèce végétale, s'accommodant mieux des prairies à végétation variée. J'y ai souvent remarqué la présence de l'achillée millefeuille, une plante vivace aux feuilles très découpées et dont les tiges dressées portent un bouquet de fleurs aplaties, blanches ou légèrement rosées.

Je conseille

« Récoltez ce champignon en pinçant le pied sous le chapeau entre le pouce et l'index, ou en le coupant avec une paire de ciseaux en haut du pied. Trop coriace, celui-ci est en effet immangeable. »

mémo

Les **marasmes des oréades** sont des espèces reviviscentes, c'est-à-dire qu'elles peuvent se dessécher et reprendre leur état initial au contact de l'eau.

Quand le trouver

Le **marasme des Oréades** peut fructifier plusieurs fois par an, de mai à octobre, voire d'avril à novembre dans les régions plus clémentes, comme l'Ouest et les zones méridionales. Il apparaît très vite – 2 jours à peine après une pluie sur un sol chaud –, mais se dessèche tout aussi vite si le terrain est insuffisamment arrosé ou si le soleil devient trop brûlant. Il faut alors attendre l'averse suivante pour le voir réapparaître.

Les cercles de fées

Suivant les localités, le marasme des Oréades est baptisé « pied-dur », « bouton-de-guêtre », « faux-mousseron », « mousseron des prés », « mousseron d'automne », etc. Il forme souvent des cercles appelés « cercles de fées » ou « ronds de sorcières », car on croyait autrefois qu'il s'agissait des lieux de rassemblement des fées, des sorcières et autres créatures malfaisantes. Le diamètre de ces cercles s'agrandit tous les ans de 40 cm à 2 m. Il peut ainsi atteindre plusieurs centaines de mètres dans les sites dégagés. Les Oréades étaient les nymphes des montagnes dans la mythologie grecque. Or, notre champignon pousse aussi en plaine. Peut-être l'a-t-on nommé ainsi en raison de son aspect gracile, à moins que cela ne soit précisément à cause des « cercles de fées » qu'il décrit dans les prés.

Le faux-mousseron pousse en groupes rapidement après la pluie.

Morille commune

Morchella vulgaris

⚠ ♥♥♥

H : 5-15 cm
Ø : 3-8 cm

La morille commune est moins rare qu'on ne le dit, mais il faut la chercher au bon moment et aux bons endroits, en bordure de haies, dans les bosquets frais, les vallons humides, les anciens vergers, et ne pas se décourager à la première sortie.

Reconnaître la morille commune

- Le chapeau, de forme plus ou moins globuleuse, est creusé d'**alvéoles** et ressemble à une éponge.
- Les alvéoles sont délimitées par des crêtes sinueuses, dont l'arête est plus claire que l'intérieur ocre-gris.
- Le pied est blanc, épais à la base, irrégulier et bosselé.
- Une coupe transversale révèle que le champignon est creux.
- Contrairement au morillon (*voir pp. 44-46*) et à la verpe (*voir p. 46*), le pied est relié à la base du chapeau, et ne pénètre pas dans la cavité du chapeau.

Alvéoles : chez les morilles, ce sont des petites cavités creusées dans le chapeau. Les alvéoles sont tapissées par le tissu fertile (ou hyménium).

Où la trouver

On trouve la morille commune jusqu'à 1 000 m d'altitude environ. En règle générale, elle ne s'installe pas au cœur des forêts denses, mais plutôt en lisière, le long des haies, dans les bosquets, les éclaircies et les coupes.

Le frêne mériterait le surnom d'arbre à morilles, tellement elles sont fréquentes sous cet arbre. Pas partout cependant, car elles préfèrent les sols calcaires et meubles. La présence d'escargots de Bourgogne ou de leurs coquilles vides est un indice de ce type de terrain. Les vallons frais, les lisières et les bosquets de frênes sont de bons sites à prospecter. Les morilles y sont particulièrement bien camouflées et difficiles à déceler dans la végétation basse, souvent constituée de lierre terrestre, ficaires, violettes, scilles, etc. Marchez lentement et prudemment en regar-

Je déconseille

« *Les morilles s'établissent parfois dans des endroits pollués, comme les décharges. Évitez alors de les consommer, car elles concentrent nombre d'éléments toxiques.* »

dant toujours l'endroit où vous allez poser le pied ! Dans l'Auvergne volcanique, elles s'établissent volontiers sous les frênes qui délimitent les prés, entre 700 et 1 200 m d'altitude, mais s'aventurent souvent à plusieurs mètres des arbres, parfois même très loin dans les prés.

La **morille** commune pousse aussi sous les ormes (là où ils subsistent), les peupliers, les chênes ou les aubépines. Elle apprécie également les anciennes cultures de topinambours, d'artichauts ou de luzerne, ainsi que les vergers, notamment de pommiers. En effet, ces milieux sont particulièrement riches en glucides dont elle est friande.

Les indices signalant la présence d'animaux fouisseurs, comme les taupes, les mulots ou les lapins, sont de bon augure. En effet, ces animaux infligent des blessures aux racines des arbres, et certains mycologues pensent que c'est précisément sur ces blessures que le mycélium des morilles s'installe pour puiser certaines substances, dont des glucides.

Je conseille

« Je fais cuire les ***morilles*** *au moins 15 minutes. Ne les consommez jamais crues, car elles ne sont comestibles que cuites : elles renferment des toxines qui détruisent les globules rouges, mais celles-ci sont fort heureusement rendues inactives par la cuisson. »*

Il est souvent difficile de distinguer la morille comestible (*Morchella esculenta*) de la morille commune, mais elles sont toutes deux excellentes.

Quand la trouver

La morille commune, comme toutes les morilles, est exclusivement printanière. Elle apparaît vers la fin mars. Mais il n'est pas nécessaire de vous précipiter, car vous la trouverez, comme les autres morilles, jusqu'en mai, voire juin en montagne. Cependant, il arrive qu'une période de froid bloque la pousse. La végétation, qui indique bien si la saison est en avance ou en retard, est un excellent indice pour déterminer le moment propice aux cueillettes. Quand je remarque que les bourgeons du noisetier, fréquent sur les sites à morille commune, ont émis de jeunes feuilles vert tendre, je sais que l'époque approche. J'attends ensuite le début de la floraison de la primevère, ou des jacinthes aux petites fleurs bleu vif : ce sont de bons signaux. En revanche, si l'aubépine est déjà en pleine floraison, je remets la chasse à l'année suivante.

Le chapeau de la morille commune prend une forme plutôt triangulaire ou ovoïde.

Et d'autres morilles

D'autres morilles vivent hors du milieu forestier. Ainsi, vous aurez peut-être la surprise de découvrir une colonie de morilles des jardins (*Morchella hortensis*), une espèce assez tardive (en mai) qui pousse sur les tas de compost et toutes sortes de déchets. De couleur sombre, elle présente de nombreuses petites alvéoles séparées par des côtes sinueuses. La morille des dunes (*Morchella dunensis*), quant à elle, pousse dans un milieu hostile : le sable des dunes du littoral atlantique. Elle apparaît en mars-avril, à quelques encablures à peine des vagues, parfois un peu plus à l'intérieur des terres. Si elle est également comestible, un nettoyage minutieux s'impose pour la débarrasser du sable qui l'imprègne.

mémo

C'est sous les ormes que l'on trouve les plus grosses morilles : elles mesurent parfois plus de 30 cm de haut. Le plus dur est de trouver des ormes qui ont échappé à la maladie !

▲ ♥♥

H : 7-20 cm
Ø : 2-4 cm

Morillon

Mitrophora semilibera

Je conseille

« *Le* ***morillon*** *est fragile et demande à être manipulé avec précaution. Je ne cueille que des spécimens bien jeunes et relativement fermes. Je laisse les autres terminer tranquillement leurs jours, car la chair se corrompt assez vite et son odeur, faible chez les sujets jeunes, devient franchement nauséabonde avec l'âge. Je le consomme cuit, car il est toxique cru, comme les morilles.* »

On confond très souvent morilles et **morillons**. Les deux espèces sont pourtant assez faciles à différencier : le morillon est aussi bon, mais son chapeau est plus petit. Comme la morille, il est toxique à l'état cru et se cuisine de la même façon.

Reconnaître le morillon

■ Ocre ou marron, le chapeau est très petit par rapport au pied. Conique, il est creusé d'alvéoles délimitées par des côtes longitudinales et quelques côtes transversales, dont les arêtes sont plus foncées que le reste du chapeau, devenant même noirâtres avec l'âge. L'intérieur est creux.

■ Le pied, blanchâtre et court chez les sujets jeunes, se bosselle plus ou moins, se ride et s'allonge avec l'âge, atteignant parfois 20 cm. Granuleux et creux, il est très fragile. C'est la jonction entre le pied et le chapeau qui permet surtout de différencier une morille d'un morillon. En effet, chez ce dernier, la base du chapeau est libre et n'est pas rattachée au pied. Celui-ci pénètre à l'intérieur du chapeau avec lequel il n'est soudé qu'à mi-hauteur.

■ La chair est mince, un peu élastique et fragile, blanchâtre ou jaunâtre.

Où le trouver

Le morillon est assez courant dans toute la France. Il fréquente les mêmes milieux que la morille ronde (*Morchella rotunda*), où il forme des troupes d'individus épars. Il apprécie les bois humides et s'installe volontiers dans les lisières ou en bordure des chemins ombragés par le frêne, le peuplier, l'aulne ou le noisetier. Il se cache souvent dans l'herbe près des étangs ou au bord des rivières. Sur sol argileux, il pousse fréquemment en compagnie de la ficaire. Ne négligez pas les endroits où appa-

Les morillons ont un chapeau beaucoup plus court que le pied.

raissent de jeunes pousses d'orties, indicatrices d'un milieu riche en azote, favorable au morillon.

En Auvergne, sur sol volcanique, je le trouve souvent au pied de l'alisier blanc, un arbre qui pousse au bord des chemins au-dessus de 1 000 m d'altitude, facilement reconnaissable de loin à ses feuilles argentées au revers. Les morillons profitent de son ombrage, dès lors que l'arbre a commencé à émettre ses feuilles.

Quand le trouver

S'il est vrai que le morillon partage l'habitat de la **morille** commune et de la morille ronde, il s'y manifeste aussi à la même époque, si bien que je les cueille ensemble et sans distinction, les champignons restant mélangés jusque dans la poêle. C'est donc de mars à mai que vous trouverez cette espèce : mars pour les régions abritées ou pour les années à printemps précoce, mai pour les régions d'altitude, avril dans la plupart des cas.

mémo

On dit du morillon qu'il est un peu moins savoureux que la **morille**. Il est vrai que le chapeau – la partie la plus goûteuse du champignon – est moins volumineux.

Je déconseille

« Il m'arrive parfois d'entendre des personnes se plaindre d'avoir été malade après avoir consommé des morilles ou des morillons. Ces personnes oublient que ces champignons doivent être bien cuits pour être comestibles. »

C'est un champignon à cycle rapide, qui se dessèche assez vite, si bien qu'il n'est pas rare d'observer des petites troupes de sujets au chapeau desséché ou dépourvus de chapeau.

La verpe de Bohême

La verpe de Bohême (*Ptychoverpa bohemica*) ressemble beaucoup au morillon. Son chapeau n'est relié qu'au sommet de son pied, ce qui permet de la distinguer du morillon. Il semble donc posé sur le pied. Sensiblement de même couleur que celui du morillon, il n'est pas creusé de véritables alvéoles, mais présente des boursouflures longitudinales assez grossières, lui conférant un aspect très ridé. De plus, il peut être deux à trois fois plus gros. L'habitat de la verpe est voisin de celui du morillon, puisqu'elle apprécie les endroits très humides, le sable des rives, la mousse et la litière de feuillus comme le frêne, l'orme et le noisetier, mais c'est une espèce plutôt montagnarde et un peu plus tardive (avril-mai).

Morilles et morillons peuvent surgir dans les coins les plus inattendus.

Pholiote du peuplier

Agrocybe aegerita

♥♥

H : 7-15 cm
Ø : 4-10 cm

La pholiote du peuplier est un délicieux champignon à chair ferme et croquante, et à saveur de noisette. Elle est très recherchée, surtout dans le Midi, où on la connaît sous le nom de « pivoulade ». Sur une souche de **peuplier**, son habitat favori, elle peut se montrer très prolifique, ce qui permet de vite remplir son panier.

Reconnaître la pholiote du peuplier

- Cette pholiote pousse en touffes volumineuses.
- Le chapeau, d'abord globuleux et de couleur noisette, s'étale et pâlit avec l'âge, devenant presque plat ou ondulé et prenant une teinte blanc crème. La marge, toujours plus claire, est d'abord enroulée et régulière, puis prend un aspect onduleux et se fissure. La surface, lisse et sèche, se ride ou se creuse de fossettes.
- À l'inverse du chapeau, les lamelles, d'abord crème, se teintent de brun à maturité. Elles sont très serrées.
- Le pied est plus ou moins long et fibreux. Blanchâtre, il se teinte peu à peu de roux. Il porte assez haut un anneau très épais et persistant. D'abord blanc, celui-ci se macule de brunâtre et se racornit en se plaquant contre le pied.

Où la trouver

Cette pholiote peut s'établir partout où poussent des peupliers, notamment le peuplier noir et le peuplier d'Italie : dans un jardin ou un parc, un petit vallon, une prairie, au bord d'un fossé, d'une rivière, etc. Mais c'est le plus souvent sur les vieilles souches des peupliers coupés au ras du sol que vous la trouverez. Elle y forme des touffes volumineuses. Elle s'installe aussi à la base des troncs morts, parfois vivants, ou bien en hauteur, sur les grosses branches, au niveau des blessures. Si vous la trou-

mémo

La pholiote destructrice (*Hemipholiota populnea*) pousse elle aussi sur la tranche des **peupliers** abattus. D'aspect massif, cette espèce présente un chapeau épais et un pied robuste de couleur beige et comme parsemés de mèches cotonneuses blanchâtres. Dotée d'une odeur forte et d'une saveur très amère, elle est inconsommable.

Je conseille

« *Quand la* ***pholiote du peuplier*** *s'établit sur une souche, elle ne la quitte plus jusqu'à ce que cette dernière soit complètement dégradée. Je reviens donc chaque année examiner les souches où j'ai trouvé ce champignon, et ce plusieurs fois dans la saison, car elle y fait des poussées successives.* »

vez au sol, c'est qu'elle a élu domicile sur les racines d'une souche ou d'un arbre, mais celui-ci peut être distant de plusieurs mètres. À défaut de peuplier, elle se rabat sur d'autres essences, comme le saule et, plus rarement, le sureau.

Thermophile : qui aime la chaleur et qui pousse en régions chaudes ou en zones bien abritées.

C'est une espèce **thermophile**, assez fréquente dans les régions méridionales ou au climat doux, plus rare dans le Nord et l'Est, mais assez bien représentée en région parisienne.

Quand la trouver

C'est quand sonne le glas des morilles (*voir pp. 41-43*) et du tricholome de la Saint-Georges (*voir pp. 58-59*) que la nature nous gratifie de la pholiote du peuplier. Celle-ci forme des touffes bien visibles de début mai jusqu'aux premières gelées de l'automne, et même en hiver dans les régions à climat doux. Elle apparaît plusieurs fois au cours de l'année sur le même site quand les conditions de température et d'humidité lui sont favorables. Elle se manifeste en général quelques jours après une pluie. Si l'emplacement n'est pas ombragé et s'il fait chaud, n'attendez pas pour la cueillir, car elle se dessèche vite.

Les pholiotes du peuplier colonisent les vieilles souches.

De jeunes pholiotes du peuplier, au chapeau plissé ou ridé sur le bord.

Cultiver les pholiotes du peuplier

La **pholiote du peuplier** a été l'un des premiers champignons cultivés, comme en témoignent les récits d'auteurs romains du Ier siècle de notre ère, qui ont décrit sa culture. Aujourd'hui, celle-ci est pratiquée de manière intensive par quelques producteurs, notamment en Italie, où ce champignon est particulièrement apprécié. Vous pouvez vous aussi cultiver ces pholiotes de façon artisanale à la manière des Romains. Prélevez des rondelles de peuplier de 4 à 5 cm d'épaisseur sur un tronc ou une grosse branche. Enfouissez-les dans un endroit humide et abrité, de façon que la surface supérieure affleure le sol. Frottez-les avec les lamelles brunes d'une pholiote. Recouvrez d'une mince couche de terreau bien émietté, que vous maintiendrez humide. Vous n'avez plus qu'à attendre. Au bout de quelques mois, les premières pholiotes apparaîtront et vous pourrez faire plusieurs récoltes par an sur plusieurs années.

♥♥

H : 5-10 cm
Ø : 5-12 cm

Pied-violet

Lepista saeva

mémo

On appelle le **pied-violet** « tricholome sinistre », peut-être à cause de la couleur blafarde de son chapeau et de ses lamelles, qui le différencie assez nettement du pied-bleu des bois, plus coloré. Parfois plus apprécié que ce dernier, le pied-violet a une odeur un peu forte, encore accentuée par la cuisson et qui peut déplaire à certains. Sa saveur très prononcée se marie bien avec le gibier : chevreuil, lapin, canard...

Le **pied-violet**, aussi apprécié que le pied-bleu, est d'autant plus intéressant à récolter qu'il apparaît en hiver, une période creuse pendant laquelle il constitue une véritable aubaine.

Reconnaître le pied-violet

▪ Le chapeau, très épais et charnu, d'abord bien convexe avec la bordure enroulée vers le bas à l'état jeune, présente une surface très lisse. Sa teinte varie de beige clair à ocre clair ou brun pâle. « Café au lait » est une teinte qui le décrit assez bien.

▪ Les lamelles ont les mêmes tons que ceux du chapeau en plus pâle. Contrairement à celles du pied-bleu, elles ne montrent aucune trace de bleu ou de violet, pas plus que le chapeau.

▪ Le pied est coloré de bleu-violet ou de violet améthyste, mais il a tendance à se ternir quelque peu avec l'âge. Assez court et épais, à base un peu bulbeuse, il est strié de fines fibrilles.

Où le trouver

Le pied-violet, appelé aussi « pied-bleu des prés », préfère les sols calcaires, ou pour le moins non acides, et les terrains sablonneux. Il apparaît dans les prairies naturelles sèches, les prairies arborées, les vergers et les parcs, mais la fertilisation de ces milieux à l'aide d'engrais chimiques est probablement à l'origine de la régression de l'espèce. Il pousse en cercles irréguliers ou en groupes plus ou moins disposés en lignes. Repérez bien les endroits où vous le trouvez, car il a tendance à repousser tous les ans dans les mêmes sites.

Quand le trouver

Le pied-violet est un champignon de fin d'automne : vous le trouverez à partir de novembre et pendant tout l'hiver dans les régions à climat doux. Dans les régions plus froides, il fait quelques réapparitions en janvier ou février lors des périodes de redoux. C'est une trouvaille bien agréable durant cette saison si avare en champignons (et particulièrement en champignons comestibles), de quoi patienter en attendant les premières espèces printanières.

Je conseille

« Je fais blanchir les pieds-violets 1 minute dans de l'eau bouillante, afin d'atténuer leur goût que je trouve un peu trop fort. »

Le pied-violet peut apparaître en plein hiver dans les prés arborés.

♥♥

H : 3-10 cm
Ø : 4-12 cm

Pleurote corne d'abondance

Pleurotus cornucopiae

mémo

Le clitocybe de l'olivier (*Omphalotus olearius*), espèce très toxique, également appelée « pleurote de l'olivier », diffère des pleurotes. Si le **pleurote corne d'abondance** est celui qui lui ressemble le plus, rappelons que le clitocybe de l'olivier a un chapeau roux orangé plus vivement coloré.

Il est regrettable que le **pleurote corne d'abondance** ne soit pas plus fréquent car, malgré l'odeur un peu forte des spécimens âgés, il est bien meilleur que son cousin cultivé, le pleurote en forme d'huître.

Reconnaître le pleurote corne d'abondance

- Le chapeau, d'abord convexe, se creuse en cornet, puis prend souvent la forme d'une spatule ou d'une cuillère. Sa couleur varie du blanc crème au beige rosé, voire, chez les sujets plus foncés, à l'ocre-brun.
- Les lames, décurrentes, descendent le long du pied en se soudant entre elles, formant un réseau saillant à mailles lâches et irrégulières. Cette particularité permet d'identifier l'espèce et de bien la différencier des autres pleurotes.
- Le pied est assez long, ferme, courbé, central ou un peu excentré par rapport au chapeau, blanc, légèrement teinté de rose dans le bas.
- Les pieds sont souvent soudés à la base pour former une touffe volumineuse réunissant de nombreux champignons.

Où le trouver

Le pleurote corne d'abondance est assez fréquent dans les régions méridionales, plus rare vers le nord. Tout comme le pleurote en forme d'huître, il pousse en grosses touffes denses sur les souches et les troncs morts de feuillus, autrefois plus particulièrement les ormes (avant que ceux-ci ne soient décimés par la graphiose), et également les peupliers, les saules, les hêtres, les chênes, les frênes... Bien qu'il pousse sur des **arbres**, ce n'est pas un champignon forestier : il se tient plutôt au bord des chemins, sur les rives des rivières, dans les allées et les parcs.

Quand le trouver

Le pleurote corne d'abondance commence seulement à apparaître lorsque le printemps est bien installé, dès le mois de mai, et peut former plusieurs pousses successives dans l'année, surgissant au gré des pluies estivales. Vous pourrez le trouver jusqu'en octobre dans les endroits abrités du froid.

Je conseille

« *Récolté jeune, le pleurote corne d'abondance est, selon moi, le meilleur des pleurotes. Revenez régulièrement visiter les souches ou les troncs des* ***arbres*** *"productifs", car il s'y renouvelle pendant plusieurs années consécutives.* »

Les pleurotes corne d'abondance sont accolés par la base de leur pied. Ils semblent même parfois ramifiés.

♥♥

H : 5-9 cm
Ø : 5-12 cm

Pleurote du panicaut

Pleurotus eryngii

mémo

Les noms d'« oreille-de-chardon » ou « oreillette » qu'on donne au **pleurote du panicaut** dans certaines régions illustrent bien la localisation du champignon à la base de la plante.

Je conseille

« Vous n'avez aucune chance de ramasser ce champignon sur un terrain d'où le ***panicaut*** *est absent. Pour le trouver, localisez d'abord les terrains découverts où pousse ce chardon, facilement repérable à distance. Dans un second temps, observez bien la base des panicauts, car le champignon, plaqué au sol contre la plante, est peu visible. »*

Le **pleurote du panicaut** est considéré comme le meilleur des pleurotes. Pourtant, il reste assez méconnu en dehors de ses zones de croissance, qui sont assez localisées et où il est très recherché.

Reconnaître le pleurote du panicaut

- Le chapeau prend une forme irrégulière avec l'âge. Marron-roux ou marron foncé à l'état jeune, il pâlit jusqu'à devenir beige, presque blanc.
- De couleur blanchâtre, le pied est court (de 4 à 7 cm), parfois presque absent, profondément enterré et plus ou moins excentré.
- Les lames sont plus ou moins décurrentes, de couleur crème, avec une arête brunissant chez les sujets matures.
- La chair blanche, ferme et souple, ne devient pas élastique comme celle des autres pleurotes. Elle dégage une odeur agréable et discrète de champignon.

Où le trouver

Le pleurote du panicaut vit dans les prés maigres (non fertilisés) et secs, les terrains en friche, les dunes du littoral. Il aime les sols secs et plutôt calcaires. Il est surtout bien représenté dans les régions côtières, de la Méditerranée à l'Atlantique. Il pénètre assez loin dans les terres, mais il se fait plus rare dans le centre, le nord et le nord-est de la France. En revanche, il est assez fréquent dans le Jura et les Alpes.

Il pousse dans tous les milieux où croît le **panicaut**, encore appelé chardon roulant ou chardon Roland. Près du littoral, c'est le panicaut maritime, ou chardon bleu, qui indique sa présence. C'est une espèce **saprophyte** qui vit sur les racines mortes des panicauts.

Saprophyte : qui pousse sur des organismes végétaux ou animaux morts et s'en nourrit.

Quand le trouver

Poussant au printemps et en automne, le pleurote du panicaut reste parfois présent en été, quand l'humidité est suffisante.

Le pleurote du panicaut a un pied très court.

♥

H : 6-12 cm
Ø : 4-12 cm

Psathyrelle veloutée

Psathyrella lacrymabunda

La psathyrelle veloutée est souvent dédaignée. Il faut dire que son aspect est assez peu engageant. Certains apprécient néanmoins sa chair ferme, bien qu'un peu amère. Récoltez-la quand elle est encore jeune, et éliminez le pied creux et fibreux.

Reconnaître la psathyrelle veloutée

- De couleur généralement terne, brun-fauve, parfois avivée d'ocre ou de roux, le chapeau est recouvert de peluches ou de fines mèches.
- La marge est **appendiculée** des restes de la **cortine** qui s'effilochent en lambeaux laineux et pendants.
- Les lamelles sont grises, puis noircissent par plages, l'arête restant toujours blanche. Curieusement, de fines gouttelettes limpides se forment parfois sur l'arête, d'où le nom de « lacrymaire » qu'on donnait autrefois au champignon.
- Le pied est creux et fibreux, blanchâtre et à cortine abondante. Mais celle-ci est vite **noircie** par les spores, notamment à la base et au sommet, qui se déposent souvent en dessinant un anneau.

Appendiculée : se dit de la marge du chapeau quand elle porte des petits lambeaux pendants.

Cortine : voile léger et filamenteux reliant le bord du chapeau au pied, chez un jeune champignon

Où la trouver

La psathyrelle veloutée est fréquente dans les lieux herbeux, les pelouses, les parcs et les jardins, au bord des chemins et dans les sous-bois clairs. Elle apparaît parfois aussi sur le bois ou les racines en décomposition. Elle pousse isolée ou en touffes de quelques individus.

Quand la trouver

Si la psathyrelle veloutée déploie ses touffes dans les endroits herbeux dès les premiers beaux jours du printemps, c'est surtout durant les périodes humides de l'été et de l'automne que vous la trouverez.

mémo

Les psathyrelles sont de proches parentes des coprins, dont elles partagent la couleur de la sporée (**noire**) et la rapidité d'évolution. Mais elles ne se liquéfient pas comme le fait le chapeau de la plupart des coprins.

La psathyrelle veloutée n'est pas le meilleur champignon des prés. Elle doit être cueillie très jeune.

♥♥

H : 5-10 cm
Ø : 5-10 cm

Tricholome de la Saint-Georges

Calocybe gambosa

mémo

On appelle le **tricholome de la Saint-Georges** « mousseron vrai » (pour le distinguer du « faux-mousseron » ou marasme des Oréades, *voir pp. 38-40*), « mousseron de printemps » ou encore « mousseron blanc ». Plusieurs variétés ont été décrites en fonction de la couleur du chapeau, qui peut varier sensiblement. Mais elles présentent toutes la même odeur de farine, bien marquée et caractéristique.

Rosacées : famille de végétaux comptant plus de 3 000 espèces dont divers arbres fruitiers (pommiers, poiriers, cerisiers...) et arbustes (rosiers, églantiers, prunelliers, aubépines...).

Profitez des belles journées de printemps pour partir à la recherche du **tricholome de la Saint-Georges**, un champignon des plus savoureux. Sa cueillette ne pose aucune difficulté, car il est facile à reconnaître.

Reconnaître le tricholome de la Saint-Georges

- D'abord hémisphérique, puis convexe, le chapeau est charnu et très épais au centre. La marge est épaisse et franchement enroulée chez les jeunes sujets.
- La surface est mate et nettement veloutée, d'ordinaire blanc crème, parfois blanc pur, jaunâtre ou ocre-gris, le plus souvent uniforme sur tout le chapeau, rarement marbrée.
- Les lames sont blanches ou crème, extrêmement serrées et très étroites : si vous coupez le chapeau dans le sens de la hauteur, vous remarquerez que la hauteur des lames est très faible par rapport à celle de la chair proprement dite du chapeau.
- Le pied est blanc, charnu et robuste, parfois un peu renflé à la base, qui peut atteindre 4 cm d'épaisseur.
- Blanche, épaisse et compacte, la chair exhale une odeur très forte de farine fraîche.

Où le trouver

Le tricholome de la Saint-Georges aime les sols calcaires. Il pousse fréquemment en groupes et forme des « ronds de sorcières » à proximité des arbustes de la famille des **Rosacées**, dans les prés, les haies et les fourrés, ou même au pied d'un arbuste isolé. On le rencontre aussi

Une belle récolte de tricholomes de Saint-Georges, qu'il faut à présent nettoyer.

dans les bois clairs, les lisières de forêts et les parcs, et il se tapit volontiers sous les aubépines et les prunelliers des terrains en friche. Dans le Sud, il se mêle aux buis et aux genévriers. Comme il est fidèle à ses emplacements, vous aurez de fortes chances de le retrouver d'une année sur l'autre. Un de mes voisins voit ainsi avec plaisir un demi-cercle presque parfait de tricholomes se former tous les ans près de la haie d'aubépines qui délimite son jardin.

Quand le trouver

Le tricholome de la Saint-Georges doit son nom à son apparition vers la fin avril (la Saint-Georges se fête le 23 avril). En réalité, en montagne, il se montre plus tard, en mai ou juin, et jusqu'en juillet dans les pâturages d'altitude. Irrégulièrement réparti, il est assez peu courant. Je le trouve souvent à la même saison que les morilles communes (*voir pp. 41-43*) et les morilles blondes, quand je longe des prairies bordées de haies.

Je conseille

« Bien qu'une confusion des tricholomes de la Saint-Georges avec une espèce toxique soit très improbable, je vous conseille de sentir systématiquement tous les champignons et de récolter uniquement ceux dont l'odeur de farine est très nette. »

♥

H : 7-13 cm
Ø : 5-12 cm

Tricholome en touffes

Lyophyllum decastes

Le tricholome en touffes (***Lyophyllum*** *decastes*), parfois abondant localement, est méconnu. Bien que passable, il mérite d'être goûté, surtout lorsqu'il est jeune et bien charnu. Vous le reconnaîtrez à son port en touffes, et à son pied dont la blancheur contraste avec la couleur grisâtre du chapeau.

Reconnaître le tricholome en touffes

■ Le chapeau est d'abord globuleux, puis convexe ou en cloche. Il se déforme souvent sous la pression des champignons voisins. La surface, ornée de fibrilles rayonnantes, montre souvent de grandes plages plus pâles sur un fond gris-brun.

■ Les **lamelles** sont serrées et de couleur blanche. Elles grisonnent parfois avec l'âge.

■ Le pied se courbe souvent afin de faciliter l'étalement du chapeau, gêné par la poussée des sujets voisins. Plein et charnu, devenant fibreux, il apparaît blanc et fibrilleux, puis teinté de grisâtre ou de brunâtre. Le tricholome en touffes est une espèce cespiteuse : les pieds sont donc soudés à leur base.

■ La chair, blanche, a une saveur douce et un parfum agréable.

mémo

Les mycologues sont en désaccord sur les critères de différenciation des diverses espèces de ***Lyophyllum***. Ainsi, le tricholome enfumé (*Lyophyllum fumosum*), un peu moins fréquent que le tricholome en touffes, diffère par son chapeau plus sombre. Mais certains scientifiques les classent tous deux dans la même espèce.

Je conseille

*« Ne ramassez que les exemplaires jeunes, qui sont bien meilleurs. Vous les reconnaîtrez à leurs **lamelles** horizontales. »*

Où le trouver

Le tricholome en touffes est un champignon des lieux **rudéralisés**. Rarement isolé, il forme des touffes serrées, souvent volumineuses, sur la terre nue, dans les endroits herbeux des bois clairs de feuillus ou de conifères, parfois dans les haies, les lisières ou les pelouses.

Quand le trouver

On trouve assez communément le tricholome en touffes en automne, parfois jusqu'aux premières gelées. C'est en effet une espèce plutôt tardive, qu'il n'est pas rare de voir en décembre.

Rudéralisé : se dit d'un lieu marqué ou souillé par l'activité humaine, et surtout enrichi en azote. Les bords des chemins sont des lieux rudéralisés. Les plantes et les champignons qui y poussent sont qualifiés de rudéraux.

Chez le tricholome en touffes, la couleur foncée du chapeau contraste avec la blancheur du pied.

♥

Ø : 20-50 cm

Vesse-de-loup géante

Langermannia gigantea

mémo

La **vesse-de-loup** géante prend parfois des proportions gigantesques. Le 11 novembre 1986, un habitant de la Marne a trouvé une vesse-de-loup mesurant 43 cm de diamètre et pesant 18 kg. Certains spécimens dépassent les 20 kg.

Gléba : masse interne fertile de certains champignons, dont les vesses-de-loup, les sclérodermes et les truffes.

La rencontre avec un tel phénomène de la nature a de quoi interloquer, bien que la **vesse-de-loup** géante ne soit pas rare. Récoltée jeune, quand sa chair est encore blanche et compacte, cette espèce est d'une comestibilité tout à fait acceptable.

Reconnaître la vesse-de-loup géante

■ Dépourvue de pied, elle a généralement l'apparence et la taille d'un ballon de football, un peu bosselé, avec parfois quelques petites dépressions. Comme elle ressemble aussi à un crâne humain, on l'appelle également « tête-de-mort ».

■ La surface est lisse et satinée, très douce au toucher. D'un blanc de lait immaculé chez les sujets jeunes, elle se teinte ensuite de jaune-ocre.

■ L'enveloppe externe qui recouvre le champignon disparaît rapidement, mettant à nu l'enveloppe interne qui, d'abord blanche, vire progressivement au marron.

■ La **gléba**, d'abord compacte et blanche, se désagrège et prend une teinte brun verdâtre à maturité des spores. De grands lambeaux bruns, dénués de consistance et très légers, se détachent et volent au gré du vent, essaimant les spores aux alentours.

Où la trouver

Peu commune, mais parfois abondante localement, la vesse-de-loup géante déploie sa masse imposante dans les pâturages, les parcs et les jardins légèrement ombragés. C'est une espèce nitrophile. Depuis quelques années, je la vois apparaître presque tous les ans dans une vieille

Souvent en groupe de 2 ou 3, la vesse-de-loup géante peut atteindre la taille d'un ballon de football.

pelouse sous des buddleias. Elle est en effet fidèle à ses stations. Il semble qu'elle soit en augmentation, car j'en trouve de plus en plus souvent.

Quand la trouver

Vous rencontrerez la vesse-de-loup géante de la fin de l'été jusqu'à la mi-novembre. Elle apparaît subitement un matin dans l'herbe, ayant d'emblée la taille d'une grosse orange. Elle grossit rapidement et, en quelques jours à peine, atteint des proportions géantes. Une fois parvenue à maturité, elle ne disparaît pas. Si personne ne les enlève, on peut ainsi voir pendant très longtemps les sujets âgés, brunis, dont l'intérieur, très léger et pulvérulent, se désagrège progressivement en libérant ses spores.

Je conseille

« Avec une taille pareille, il serait dommage que la vesse-de-loup ne soit pas comestible. Pour l'apprécier pleinement, panez-la. Coupez le champignon en tranches, passez celles-ci dans des œufs battus, puis dans de la chapelure, et faites-les frire à la poêle. »

♥

H : 10-18 cm
Ø : 7-12 cm

Volvaire visqueuse

Volvariella gloiocephala

Comestible de valeur culinaire moyenne, la volvaire visqueuse est assez fréquente dans les endroits riches en matières organiques. Il faut la récolter avec discernement, car elle peut occasionner des troubles quand elle provient de sites **pollués**.

Je déconseille

« Ne ramassez pas la volvaire visqueuse dans les endroits risquant d'être ***pollués*** *par des produits divers, car elle concentre des substances qui pourraient être à l'origine des désagréments que l'on observe parfois après sa consommation. Dans le doute, et si vous ne connaissez pas le "passé" du terrain, abstenez-vous. »*

Reconnaître la volvaire visqueuse

■ Le chapeau est d'abord ovoïde, puis conique, enfin convexe ou étalé et mamelonné. Lisse, il est blanc sale, gris souris ou gris-brun, brillant par temps sec, visqueux à l'humidité.

■ Le pied s'épaissit régulièrement vers le bas. Il est fibrilleux, blanc, puis brunissant avec l'âge. Il porte une volve volumineuse et très fragile, dont la couleur varie du blanc au gris-brun.

■ Les lamelles sont libres (non reliées au pied), serrées et larges. D'abord blanches, elles virent assez vite au rose rouillé ou au rose brunâtre.

■ La chair blanchâtre a une faible odeur de radis et une saveur douce.

Où la trouver

Sans compter parmi les espèces les plus fréquentes, la volvaire visqueuse est largement distribuée dans tous les sites dégagés riches en matières organiques, les déchets végétaux en décomposition (paille, branches, feuilles), les tas de sciure, de compost ou de fumiers animaux, parfois les lisières. C'est presque un sous-produit de l'activité humaine, que vous trouverez souvent près des scieries, dans les jardins potagers, etc.

Quand la trouver

La **volvaire visqueuse** fructifie en été et en automne, parfois tardivement, jusqu'en décembre en dehors des périodes de gel. Vous remarquerez que les sujets qui poussent en été sont blancs, alors que ceux qui apparaissent en automne sont gris. On les considérait autrefois comme deux variétés ou deux espèces différentes, mais il semble qu'il s'agisse du même champignon.

mémo

La **volvaire visqueuse** était considérée comme une espèce toxique, voire mortelle, jusqu'en 1922, quand sa comestibilité fut démontrée.

Les volvaires sont munies d'une volve à la base du pied.

Quelques toxiques à connaître

Les champignons vénéneux vivant dans les prairies et les haies sont assez peu nombreux. Il en existe cependant trois types qu'il faut apprendre à identifier, car ils sont très toxiques : l'inocybe de Patouillard, les petites lépiotes brunes et les clitocybes blancs.

L'inocybe de Patouillard et les petites lépiotes brunes (dont la lépiote brun-incarnat) sont globalement peu fréquents, mais peuvent se révéler mortels. D'ailleurs, la lépiote brun-incarnat et les espèces voisines occasionnent régulièrement des accidents.

Fréquents dans l'herbe des prairies et au bord des routes, les clitocybes blancs (dont le clitocybe blanchi) sont très vénéneux sans être mortels. La toxicité des panéoles et autres espèces de très petite taille qui poussent dans l'herbe à côté des bouses de vache et des crottins est plus ou moins importante, mais certains de ces champignons semblent renfermer des substances hallucinogènes. L'agaric jaunissant est la moins toxique des espèces décrites ci-après, mais il est commun et souvent confondu avec les rosés des prés et les agarics anisés (agaric des jachères).

N'oubliez surtout pas que tous les champignons ordinairement présents en milieu forestier peuvent s'établir en bordure de prairie, en lisière de bois ou sous une haie, même si ce n'est pas leur habitat de prédilection. Il importe donc de connaître toutes les espèces toxiques et de rester vigilant lors des cueillettes dans ces milieux. La lépiote pudique, par exemple, est difficile à distinguer à première vue des amanites blanches, mortelles, et on peut tout à fait les rencontrer côte à côte dans l'herbe, à la lisière d'un bois.

H : 7-13 cm
Ø : 5-12 cm

Agaric jaunissant

Agaricus xanthoderma

Je déconseille

« De nombreuses personnes consomment ce champignon, en l'assimilant à un ***rosé*** *des prés, sans ressentir le moindre malaise, car il est peu toxique. Je vous le déconseille cependant, car il provoque parfois des gastro-entérites, débutant entre 15 minutes et 4 heures après le repas. »*

Toxique, l'agaric jaunissant est un sosie des **rosés** comestibles, mais il s'en distingue par le jaunissement intense de sa chair au toucher.

Reconnaître l'agaric jaunissant

■ Le champignon est le plus souvent d'un blanc soyeux immaculé, tant que vous ne le touchez pas. Dans le cas contraire, il se tache immédiatement de jaune doré, surtout vers la base du pied et sur le bord du chapeau.

■ Avant qu'il ne soit étalé, le chapeau a typiquement le profil d'un cube, puis la base s'élargissant, d'un trapèze.

■ Les lames sont serrées. D'abord blanchâtres, elles rosissent, puis passent au brun foncé.

■ Le pied apparaît d'abord assez robuste. Puis il s'allonge au fur et à mesure du développement du chapeau, en même temps qu'il devient creux et sinueux.

■ La chair, de couleur blanche, jaunit instantanément à la coupe au niveau du bulbe, puis brunit. Elle exhale une odeur désagréable d'encre d'écolier ou d'iodoforme - un produit utilisé comme antiseptique - en général assez forte et s'accentuant à la cuisson.

Où le trouver

L'agaric jaunissant est assez fréquent dans les milieux intermédiaires entre forêts et prairies. On le voit ainsi dans les clairières, les lisières, les bordures de haies, les landes, les parcs. Il n'est pas exclu cependant de le rencontrer en forêts claires de feuillus ou de conifères, ou à l'opposé dans les prairies, surtout si elles ont été fumées.

J'ai eu la surprise de découvrir cette espèce à deux reprises sur le sol en terre battue de ma cave. C'était l'été, aussi le champignon s'était-il réfugié dans ce havre de fraîcheur, où il trouvait les conditions nécessaires à son épanouissement.

Quand le trouver

Certaines années, vous trouverez l'agaric jaunissant dès la fin du printemps, mais il apparaît plus souvent entre juillet et octobre, en formant des troupes. Il peut alors se montrer assez commun.

mémo

Cet agaric peut se présenter sous des formes légèrement différentes, le chapeau étant plus ou moins recouvert d'écailles ou de mouchetures grises ou brunes. Elles ont la même odeur et le même jaunissement de la chair.

L'agaric jaunissant devient jaune vif si vous le frottez.

⚠ ⚠

H : 3-6 cm
Ø : 2-5 cm

Clitocybe blanchi

Clitocybe dealbata

Très toxique et assez commun, le clitocybe blanchi risque d'être confondu avec des espèces comestibles poussant dans le même milieu. Il importe de savoir l'identifier, car il occasionne des empoisonnements aux effets impressionnants et graves.

Reconnaître le clitocybe blanchi

▪ D'abord convexe, le chapeau s'aplanit rapidement, allant parfois jusqu'à se creuser, avec une marge enroulée. Il se caractérise surtout par son aspect glacé ou satiné. Blanc, il se teinte de crème ou roussit par endroits avec l'âge ou par temps humide.

▪ Le pied est court (2 à 4 cm), souvent un peu courbé à la base, élastique, et de couleur blanchâtre ou beige. Sa surface, finement fibrilleuse et soyeuse, grisonne ou roussit progressivement à partir de la base.

▪ Les lames sont serrées et peu décurrentes, à l'inverse de celles de la plupart des clitocybes. Blanchâtres chez les sujets jeunes, elles roussissent ensuite.

▪ La chair, blanche, est tendre ou fibreuse selon l'humidité ambiante. Elle dégage une faible odeur de farine. Une touche aromatique un peu farineuse rappelle le parfum commun à de nombreux clitocybes.

Où le trouver

Assez commun, ce petit **clitocybe blanc** pousse en troupes formant des alignements ou des cercles dans l'herbe des prairies, des pelouses et des pâturages, ainsi que des terrains de sport.

Dans les mêmes milieux, vous pouvez trouver un clitocybe entièrement blanc pur, appelé à juste titre clitocybe blanc (*Clitocybe candidans*), également toxique.

mémo

Dans les prés et autres lieux herbeux, on trouve parfois d'autres clitocybes blancs très difficiles à distinguer les uns des autres, mais tout aussi toxiques. Ils provoquent un empoisonnement de type sudorien, aux symptômes impressionnants : larmoiements et sueurs abondants, troubles oculaires et cardiaques.

Je déconseille

« *Méfiez-vous toujours des champignons tout blancs ! Les petits* ***clitocybes blancs*** *toxiques, relativement répandus dans tous les sites herbeux, peuvent être confondus avec nombre de champignons, dont plusieurs comestibles réputés, tels le marasme des Oréades et plus encore l'hygrophore blanc de neige* (voir pp. 28-29)*, dont les lamelles sont décurrentes et très espacées.* »

Malgré son air inoffensif, le clitocybe blanchi représente un danger.

Quand le trouver

Le clitocybe blanchi pousse d'août à novembre, apparaissant sur les sols humidifiés par la pluie, tout comme le marasme des Oréades (*voir pp. 38-40*). On rencontre parfois les deux champignons au même endroit.

mortel

H : 5-9 cm
Ø : 3-8 cm

Inocybe de Patouillard

Inocybe patouillardii

mémo

L'inocybe de Patouillard est un champignon très **toxique**, en raison de la présence de muscarine, substance que l'on retrouve dans l'amanite tue-mouches et l'amanite panthère. On a calculé que la quantité mortelle de champignons frais pour un homme en bonne santé et de corpulence moyenne était d'environ 500 g.

L'inocybe de Patouillard se distingue par le rougissement qu'il manifeste, soit au toucher, soit naturellement avec l'âge. C'est un **toxique** dangereux, mais, fort heureusement, on le trouve rarement en quantité suffisante pour qu'il se révèle mortel.

Reconnaître l'inocybe de Patouillard

- Le chapeau est typiquement conique ou en cloche chez les sujets jeunes, puis il tend à s'étaler en conservant un large mamelon central assez épais et charnu. La surface a un aspect fibrilleux et soyeux. Blanc crème à paille, elle rougit au toucher et avec l'âge. La marge, d'abord rabattue, se fend profondément à mesure que le chapeau s'étale.
- Les lames, blanches, se teintent de brun olivâtre à la maturité des spores et se tachent, comme le chapeau, de rouge. Seule l'arête, floconneuse, reste blanche.
- Le pied, épais et assez élancé, est légèrement fibrilleux. D'abord blanc, il se macule de brun rosé.
- La chair, blanche et ferme, rosit légèrement, surtout dans le pied. Elle présente une odeur plus ou moins fruitée, mais peu plaisante.

Où le trouver

L'inocybe de Patouillard est peu répandu et très localisé. Dans certaines zones, il n'a jamais été signalé. Il semble plus fréquent dans les régions nordiques ou continentales. On peut le rencontrer dans les endroits dégagés, tels les sentiers forestiers, les clairières, les lisières, les bois de

Des fibrilles rouges parcourent le chapeau de l'inocybe de Patouillard.

feuillus clairs, notamment au pied des hêtres. Soyez vigilant lorsque vous promenez vos enfants au printemps sous les tilleuls des parcs, car il a déjà été trouvé sous ces arbres. Il préfère les sols calcaires.

Quand le trouver

L'inocybe de Patouillard se rencontre de mai à juillet, parfois même jusqu'à la fin de l'été. Son apparition printanière limite les risques de confusion à deux catégories de champignons : le **tricholome de la Saint-Georges** (*voir pp. 58-59*) et les entolomes du printemps (*voir pp. 24-27*).

Je conseille

« Pour éliminer tout risque de confusion avec les entolomes de printemps et le ***tricholome de la Saint-Georges****, délaissez tous les sujets montrant la moindre trace rougeâtre sur le chapeau, couleur qui s'intensifie si l'on frotte le champignon. »*

mortel

H : 3-6 cm
Ø : 2-5 cm

Lépiote brun-incarnat

Lepiota brunneoincarnata

mémo

Il existe tout un cortège de **petites lépiotes** dites brunes, à chapeau écailleux, blanchâtre à brunâtre, et à chair rosissante. Poussant dans des milieux similaires, elles sont pour la plupart vénéneuses, voire mortelles. La lépiote brun-lilas (*Lepiota brunneolilacea*) est une espèce de petite taille, mais assez robuste.

Ne cueillez ni la lépiote brun-incarnat ni les autres **petites lépiotes** qui apparaissent sur votre pelouse ou dans votre jardin : elles provoquent le même type d'empoisonnement que les amanites mortelles. Elles sont heureusement plutôt rares.

Reconnaître la lépiote brun-incarnat

- Le chapeau, de petite taille, mesure de 2 à 5 cm de diamètre. De teinte pâle, il est couvert de mèches brun rosé, disposées en cercles concentriques et de plus en plus resserrées vers le centre qui apparaît de couleur unie.
- Blanches, les lamelles n'ont rien de spécifique.
- Le milieu du pied porte un anneau assez vague ou un petit bourrelet. Blanc rosé au-dessus de l'anneau, il est orné de flocons brunâtres au-dessous. Il roussit avec l'âge.
- La chair blanche prend un léger teint rosé lorsqu'on la coupe. Elle exhale habituellement une odeur fruitée, parfois difficile à percevoir.

Où la trouver

Peu commune, la lépiote brun-incarnat pousse dans les sites aérés et herbeux, en général bien fumés ou riches en humus. On la rencontre, isolée ou en petites troupes, dans les prés et les pelouses, le long des haies, au bord des chemins. Elle s'aventure aussi dans les parcs et les jardins et, à l'occasion, pénètre dans les taillis et les bois clairs. Le long du littoral atlantique, on la trouve sur les dunes boisées.

Quand la trouver

La lépiote brun-incarnat apparaît en été et en automne, parfois jusqu'en décembre, mais c'est une espèce plutôt thermophile, qui ne se maintient tard en saison que dans les zones à hiver doux, comme le littoral atlantique ou les régions méditerranéennes.

Je conseille

« Soyez attentif à vos pots de fleurs ou à vos plates-bandes, car de petites lépiotes très dangereuses peuvent y élire domicile. Les enfants, en particulier, ne pensent pas qu'un danger puisse les guetter si près de leur maison. »

La lépiote brun-incarnat est aussi dangereuse que l'amanite phalloïde.

⚠

H : 3-7 cm
Ø : 1-3 cm

Panéole des moissons

Panaeolina foenisecii

Le panéole des moissons, très commun durant toute la belle saison, est vraisemblablement vénéneux, mais on ignore son degré exact de toxicité. Il est également probable qu'il renferme des substances hallucinogènes.

Pruineux : qui est couvert de pruine. La pruine est une poussière opaque et très fine qui recouvre la peau de certains fruits comme les prunes et le raisin.

Reconnaître le panéole des moissons

■ Le chapeau est particulièrement hygrophane : brun tabac ou chocolat lorsqu'il est gorgé d'eau, il pâlit jusqu'au beige rosé en séchant, conservant une auréole plus claire au milieu.

■ Le pied ne mesure que 2 mm de diamètre. Il est creux, lisse, brillant et soyeux, **pruineux** au sommet. Sa couleur est blanchâtre ou ocre pâle, sauf la base, qui est brun-rouge.

■ Les **lames** sont espacées et de couleur brune. En pratiquant une coupe en haut du chapeau à l'aide d'une lame de rasoir pour observer la surface des lames à la loupe, on constate que celle-ci est marbrée de zones claires et sombres, mais que l'arête reste blanche.

■ La chair est mince et brune, l'odeur fruitée et agréable, et la saveur douce.

mémo

Contrairement au panéole des moissons, les autres panéoles ont une sporée et des **lames** noires à maturité.
Tous les panéoles se caractérisent par la maturation échelonnée de leurs spores, ce qui se traduit par un aspect typiquement marbré de clair et de sombre sur la face des lamelles, que l'on peut observer à la loupe. On dit que les lames sont nuageuses ou pommelées.

Où le trouver

Le panéole des moissons croît parmi l'herbe rase des pelouses, des gazons et des pâturages, sur sol plutôt riche. On le voit souvent juste après la fauche ou la tonte de l'herbe, mais peut-être est-ce parce qu'il est difficile à discerner quand l'herbe est trop haute. Il pousse toujours en groupes, jamais isolé.

Quand le trouver

On devrait plutôt appeler ce champignon « panéole des foins », car c'est à la saison des foins, en mai, qu'il commence à apparaître. Très commun, il reste présent tout l'été, jusqu'en début d'automne. On le rencontre fréquemment après le fauchage des prés. Comme le **marasme des Oréades** (*voir pp. 38-40*), avec lequel il pousse parfois en mélange, sa croissance est très rapide après la pluie.

Je conseille

« Personne n'aurait l'idée de consommer un tel champignon. On risque éventuellement de le ramasser par inadvertance en cueillant des ***marasmes des Oréades****, mais un peu d'attention permet d'éviter une telle méprise, car le panéole est beaucoup plus fluet que le délicieux comestible. »*

Le panéole des moissons est très fréquent en été dans les pelouses et les prairies.

Index

Dans la collection la Vie en vert

1. 12 mois au jardin **2.** Cultiver les petits fruits
3. 30 fleurs pour le balcon **4.** Des roses pour le jardin
5. 30 massifs à créer **6.** Semer, greffer, bouturer...
7. Les champignons des bois **8.** Les champignons des prés

Nombreux titres à paraître

Crédits photographiques

DEF/Darren Massie : p. 8, 66.

Jean-Marie Polese : pp. 11, 48, 65.

Nature : H. Chaumeton : pp. 17, 19, 39, 55, 69, 71 ; J.-P. Ferrero : p. 35 ; J.-Y. Grospas : pp. 29, 53, 57, 61 ; Guillot : p. 77 ; G. Houdou : p. 43 ; Minh Huang Cong : p. 75 ; J.-L. Lamaison : pp. 23, 25, 31 ; Y. Lanceau : pp. 15, 27, 37, 51, 73 ; G. Lopez : p. 59 ; J.-M. Polese : pp. 13, 36, 40, 42, 45, 63.

Bios : C. Meyer : p. 46 ; J.-L. Moigne : p. 49 ; B. Pambour : p. 33 ; M. Rauch : p. 21.

En couverture : photo de l'agence Nature - J.-Y. Grospas.
En rabat : photo de J.-M. Polese

Conception graphique et réalisation : É. Mouton

Photogravure : SNO - Ivry-sur-Seine
Achevé d'imprimer en juillet 2003
par IME - Baume-les-Dames